# LAS PARADOJAS DE LOS ESTOICOS

CICERÓN

# LAS PARADOJAS DE LOS ESTOICOS

MARCO TULIO CICERÓN

Traducción, anotación e introducciones de **Carmen Castillo**
Ilustraciones de **Daniel Montero Galán**

ALMA PENSAMIENTO ILUSTRADO

Título original: *Paradoxa stoicorum*


www.editorialalma.com
@almaeditorial


Traducción cedida por Ediciones Rialp, S. A.



Diseño de la colección: Estudi Miquel Puig
Diseño de cubierta: Estudi Miquel Puig
Realización editorial: La Letra, S. L.

ISBN: 978-84-19599-61-2
Depósito legal: B. 6625-2024

*Impreso en España*
*Printed in Spain*

Este libro contiene papel de color natural de alta calidad que no amarillea (deterioro por oxidación) con el paso del tiempo y proviene de bosques gestionados de manera sostenible.

# ÍNDICE

# PRESENTACIÓN*

Fundada por Zenón de Citio a principios del siglo III a. C., la escuela estoica tuvo en la antigüedad un influjo enorme. Su ética basada en el dominio y control a partir de la razón y el equilibrio personal caló hondo en quienes ansiaban alcanzar la *eudaimonia* (felicidad) y eludir el dominio del placer o el dolor. Durante cinco siglos, la sociedad grecorromana, y muy especialmente sus clases más altas, se sintieron atraídas por este pensamiento que encontró su mejor ocaso en las famosas *Reflexiones* de Marco Aurelio, el emperador que quiso escribir en lengua griega.

Marco Tulio Cicerón (106-43 a.C.) no fue una excepción entre esas élites atraídas por el pensamiento heleno. El famoso político y orador se había formado en las escuelas filosóficas de su tiempo y pasó gran parte de su vida profesando su apego a la Academia de Atenas. Defendió el sistema republicano tradicional y combatió la dictadura de Julio César, si bien una vez este tomó el poder hubo de rectificar algunas de sus posiciones. También, desde el 47 a. C.,

* El texto de esta presentación sigue de cerca el redactado por Carmen Castillo para su edición de la obra (Rialp, Madrid, 2016).

impelido por las circunstancias, se retiró a vivir en su finca de Tusculum (junto a la actual Frascati, en las proximidades de Roma).

Allí se dedicó fundamentalmente a escribir discursos y también textos filosóficos: *Acerca de los límites del bien y del mal*, *Tusculanas*, *Acerca de la naturaleza de los dioses* y *Sobre los deberes* surgieron ese mismo año. Algo posteriores, del 46 a. C., son tres obras de retórica: el *Orador* —a propósito de cuál sea la mejor clase de oradores—, las llamadas *Clasificaciones oratorias* —dedicadas en forma de diálogo a su hijo Marco— y una historia de la oratoria en Roma, a la que puso por título *Brutus*, en referencia a su amigo M. Junio Bruto, precisamente la misma persona a la que dedica nuestras *Paradojas.*

Finalizada en los primeros meses de ese mismo año, según se deduce de sus propias palabras, la obra se circunscribe al contexto de los escritos mencionados. Cicerón ofrece un texto filosófico que quiere sacar del entorno erudito y dar al público general como un ejercicio de retórica. El mismo título contiene pistas sobre este propósito: En la actualidad la palabra «paradoja» evoca algo contradictorio o, al menos, chocante. Antiguamente, sin embargo, el término griego aludía, no tanto lo que está *enfrentado a*, como a lo que se coloca *al margen de* la opinión común. Ni se opone a ella, ni manifiesta total acuerdo, sino que permanece «en los bordes»: no secunda lo que todos piensan, pero tampoco se aleja demasiado. No es un completo sinsentido con el que haya que entrar en debate o disputa, y no debe ser retirado de la circulación de las ideas.

Desde este punto de vista, nuestro autor elabora una selección de aquello de la doctrina estoica que le parece más interesante y atractivo. No actúa, pues, «como [haría un] traductor [...], sino [...] tomando a mi juicio y arbitrio cuanto y como me parece conveniente» (*De officiis*, I, 2, 6). Su selección se ciñe principalmente al pensamiento de Sócrates y atiende a aquello que le parece más sorprendente —*admirabilia* traduce él mismo— respecto a los temas más importantes: el contraste virtud/vicio; el valor de la honradez;

el lugar que ocupa lo práctico (*utile*); la gloria humana... Todo se concentra en seis paradojas, es decir, seis dichos estoicos que parecen desviarse del entendimiento común:

1. Solo lo honrado es bueno
2. La virtud es el único requisito para la felicidad
3. Las buenas obras son virtuosas por igual, tanto como las malas acciones son igualmente viciosas
4. Todos los necios están locos
5. Solo los sabios son libres
6. Solo los sabios son ricos

Y lo desarrolla en forma de diatriba retórica: a partir de una afirmación inicial, que supone verdadera, se sucede la exposición, en donde procura hacerla comprensible a su público, para pasar después a formular objeciones que finalmente aclara sirviéndose en la amplia mayoría de casos de ejemplos romanos. Solo la paradoja cuarta escapa a esta serie, pues constituye una invectiva contra Clodio, el enemigo de Cicerón (aunque quizá también porque se nos ha transmitido con alguna laguna). En todo caso, la obra muestra una voz que busca la adhesión de los lectores u oyentes, a quienes quiere transmitir un mensaje serio, aunque «ameno».

De este modo, el conjunto es un texto que, a pesar de su brevedad (es el más breve de los textos filosóficos ciceronianos), resulta estructurado, compacto y directo. No en vano ha gozado de una gran reputación hasta tiempos modernos. Para Voltaire, por ejemplo, nunca se había escrito «nada más sabio, ni más verdadero, ni más útil».

Cicerón murió víctima de un asalto a traición cuando se dirigía en litera hacia la costa, intentando escapar de los partidarios de Marco Antonio. Entre ellos se encontraba Bruto, el destinatario de las *Paradojas.* Qué poco caló su mensaje en la mente del amigo... ¿O quizá era esta la última de las paradojas que nos tenía reservadas el filósofo?

# PROEMIO

# INTRODUCCIÓN

El proemio, que se inicia como una carta dedicatoria, tiene en realidad estructura de discurso.

En primer término aparecen los precedentes, que se personalizan en la figura de Catón, para pasar después a marcar distancia entre la sobria expresividad catoniana y el tono de este escrito que Cicerón ofrece a su amigo Bruto.

Tras esta especie de *narratio*, expone el orador los rasgos que caracterizan esta obrita, escrita en un tono casi lúdico, con carácter divulgativo y con la intención de hacer asequibles al vulgo algunas ideas tomadas del estoicismo y difícilmente alcanzables —sorprendentes— a primera vista. El motivo de fondo que justifica la escritura es que estas cuestiones que se presentan como paradójicas tienen su razón de ser y para exponerlo se utiliza la antítesis como procedimiento retórico: las palabras y las cosas; lo bueno y lo malo; y la oposición entre la verdadera razón y la opinión popular.

La conclusión es una llamada, en tono persuasivo, en la que el elogio del escrito va suavizado con un tópico de modestia. Cicerón se sirve para ello de un *exemplum* tomado del más famoso escultor de la Atenas de Pericles. La obra no tiene el carácter extraordinario de la Minerva de Fidias, pero encierra algo de la excelencia del gran maestro: puede reconocerse en ella la valía que corresponde al arte de un buen discípulo que sigue las directrices de un genio.

La estructura circular se cierra con una comparación con Catón y un elogio encubierto: la obrita no será un importante escrito, pero sí es bella.

1. Con frecuencia he notado, Bruto,[1] que tu tío Catón,[2] cuando expresaba su opinión en el Senado, abordaba argumentos de peso tomados de la filosofía, que se apartaban del uso común en el foro y en la política, pero —al hablar— conseguía sin embargo que aquellas ideas parecieran verosímiles incluso al pueblo.

2. Cosa de mayor mérito en él que en ti o en mí, porque nosotros nos servimos más de una filosofía que ha hecho nacer la elocuencia y en la que se expresan cosas que no se apartan mucho de la opinión popular; Catón, en cambio, perfecto estoico en mi opinión, no solo

1. M. Junio Bruto (85-42 a. C.), destinatario del tratado de retórica que lleva su nombre, era sobrino de M. Porcio Catón. Pompeyano, participó en la batalla de Farsalia (48 a. C.) y en el asesinato de César (15 de marzo, 44 a. C.); se suicidó tras la batalla de Filipos.

2. M. Porcio Catón (95-46 a. C.). Fue primero cesariano, pero en la guerra civil estuvo del lado de Pompeyo. Estoico, se suicidó; Cicerón le dedicó un *elogio* que no se ha conservado.

piensa cosas que difícilmente aprueba el vulgo, sino que está en una doctrina que no emplea ningún adorno del discurso ni amplía la argumentación (y) hace valer sus propuestas a base de interrogaciones brevísimas, como punzadas.

3. Pero nada hay tan increíble que no se haga aceptable cuando se expone bien; nada tan rudo, tan tosco, que no resplandezca y se embellezca con un discurso. Con este pensamiento, me he comportado incluso más audazmente que aquel de quien hablo. Porque, mientras Catón habla al modo estoico de la grandeza de ánimo, de la moderación, de la mente, de todo tipo de elogios a la virtud, de los dioses inmortales, del amor a la patria, aportando adornos retóricos, yo (en cambio) aquellas (sentencias) que los estoicos apenas abordan en la tranquilidad de la escuela las he lanzado a la calle, medio en broma.

4. Como son sorprendentes y van en contra de la opinión común, he querido ver si se podían sacar a la luz —esto es, al foro— y ser expuestas de modo que se las admita o si en cambio uno es el discurso erudito y otro, muy diferente, el vulgar. Y he escrito con especial gusto estos temas porque a mí estas que llaman «paradojas» me parece que son muy socráticas[3] y sumamente verdaderas.

5. Recibirás, pues, esta obrita elaborada en estas ya cortas noches (de primavera), puesto que aquel otro regalo de vigilias más largas ha aparecido con tu nombre

3. Sócrates, el famoso filósofo ateniense (466-399 a. C.) condenado a muerte por irreligiosidad, murió envenenado. Sus *Diálogos* fueron escritos por sus discípulos. Las *Apologías* de su vida se deben a Jenofonte y Platón.

y podrás paladear un género de ejercicios que suelo emplear cuando transfiero a nuestro género oratorio las cosas que se discuten en las escuelas a modo de tesis. No pido sin embargo que cuentes esa obra como un regalo; porque no es como para ponerla en la necrópolis como la Minerva de Fidias,[4] pero sí para que se vea que ha salido del mismo taller.

4. Fidias vivió en la primera mitad del s. v a. C. Se refiere a la colosal estatua llamada *Atenea Prómacos*, esculpida en bronce. Según Plutarco, Cicerón puso en su casa una estatua suya, que hizo trasladar al Capitolio cuando fue desterrado; tenía la inscripción: «A Minerva, protectora de Roma».

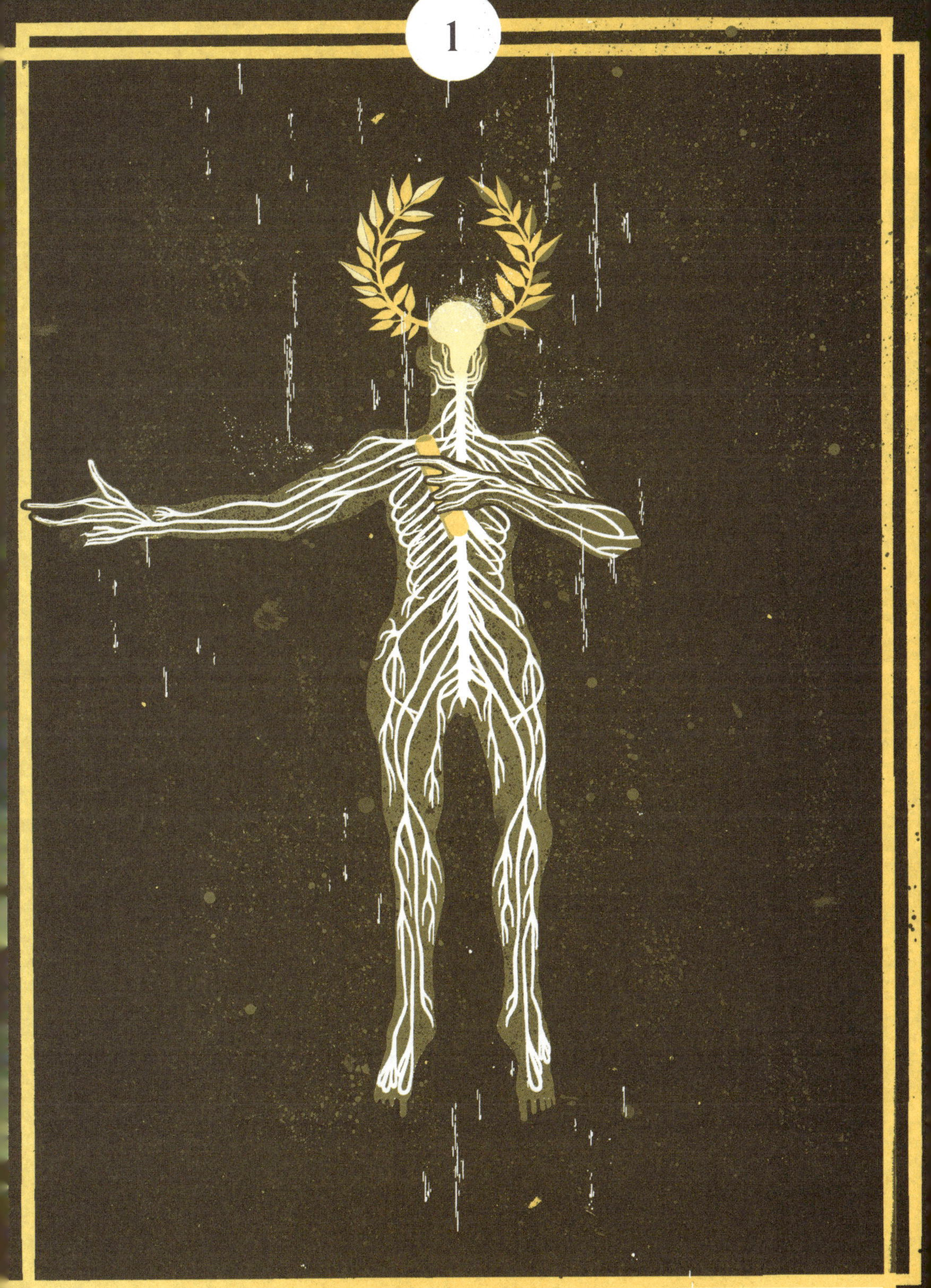


QUE SOLO LO HONRADO ES BUENO

## INTRODUCCIÓN

En esta primera paradoja Cicerón defiende la identificación entre el bien y la honradez de la conducta, aclarando las diferencias entre lo que puede parecer y lo que realmente es: puede parecer que se limita a recoger una opinión de los estoicos, pero no pretende sino expresar su propio pensamiento con las menos palabras posibles, escuetamente, siguiendo el tópico de la concisión propio de la doctrina retórica: el buen orador no debe emplear más palabras de las necesarias para conseguir su objetivo.

A partir de aquí el texto desarrolla en realidad una diatriba contra la doctrina epicúrea, que sitúa el bien en el disfrute de los placeres.

La primera refutación se basa en la incompatibilidad entre el bien y el mal; no puede ser un bien lo que hace daño, ni se puede *no ser bueno* si se está colmado de bienes. Como la experiencia muestra que los malos gozan de placeres de los que a veces carecen los buenos, la consecuencia es clara: el bien no puede estar en el placer. Apoya Cicerón esta tesis con un ejemplo tomado de la tradición griega sobre los Siete Sabios, y reproduce una famosa sentencia atribuida a Biante.

En la segunda parte reafirma su tesis: bien es únicamente lo recto, lo honrado, lo virtuoso. Para la demostración prefiere servirse más de los hechos que de las palabras: recurre por eso —y ahora de un modo abundantísimo— a ejemplos tomados de la historia de Roma; van desfilando personajes famosos, tanto de la época de los legendarios reyes como de la etapa republicana. El papel más destacado se atribuye a la familia de los Escipiones, héroes de las guerras púnicas.

La tercera parte es un ataque a la opinión contraria: la búsqueda del placer animaliza al hombre; no lo hace mejor, ni digno de gloria. La conclusión vuelve a afirmar la tesis, que se considera probada.

No es esta la única ocasión en que Cicerón desarrolla su concepto del bien, en estrecha conexión con la honradez de la conducta: el *vir bonus* es el ideal humano del pensamiento de Cicerón. Tácito (*Historias*, IV, 5) señala siglo y medio más tarde que los estoicos incluyen en la categoría de «bueno» todo lo moralmente correcto, y en la de «malo» todo lo moralmente rechazable.

# QUE SOLO LO HONRADO ES BUENO

6. Temo que a alguno de vosotros le parezca que este discurso no es de mi invención, sino tomado de los debates entre estoicos; diré, sin embargo, cuál es mi opinión y lo diré con mayor brevedad de la que corresponde a cuestión de tan gran importancia.[5] ¡Por Hércules! que nunca he pensado que el dinero, ni las casas magníficas, ni las riquezas, ni el poder, ni los placeres a los que esos están tan ligados sean cosas buenas o dignas de ser codiciadas, porque he visto que quienes están rodeados de estas cosas desean cada vez más aquello en lo que abundan. Pues nunca se colma ni se sacia la sed de su codicia; y no solo se ven atormentados por el deseo de aumentar lo que ya tienen, sino también por el miedo a perderlo.

5. Nótese el contraste con la opinión generalizada: queda claro que, a su entender, la verdad no se establece por mayoría; y también que este modo de pensar no estaba precisamente de moda entre sus contemporáneos.

7. En esta cuestión añoro muchas veces la prudencia de los más sobrios entre nuestros antepasados, quienes admitieron que estas cosas frágiles e inestables deben llamarse de palabra «bienes», aunque, de hecho, y en realidad, las consideraban de modo muy distinto. ¿Es que acaso puede lo bueno ser un mal para alguien, o puede alguno que abunda en bienes no ser él mismo bueno? La verdad es que vemos que todas estas cosas las tienen incluso los malvados, mientras que los buenos carecen de ellas.

8. Por lo cual, aunque alguien se ría si quiere, valdrá más ante mí su conformidad con la verdad que la opinión del vulgo. Y nunca diré yo que alguien ha perdido sus bienes si se ha quedado sin ganado o sin ajuar, y a menudo alabaré a aquel Biante, al que tengo por sabio, que se cuenta entre los siete.[6] Cuando el enemigo se apoderó de Priene, le aconsejó que hiciera lo mismo; dijo: «Ya lo hago: pues todo lo mío lo llevo conmigo».

9. Él consideraba que las cosas que nosotros llamamos bienes eran caprichos de la fortuna, no cosas suyas.

¿Qué es entonces el bien?, puede preguntar alguien. Si lo que se hace recta y honradamente y con virtud se dice que se hace bien, entonces, lo que es recto y honrado y virtuoso, eso y solo eso pienso que es el bien.

10. Pero estas cosas pueden hacerse pesadas cuando se discuten largamente; están ilustradas por la vida y los hechos de hombres importantes asuntos que parecen discutirse con más detalle de lo necesario. Os pregunto ahora si aquellos que nos dejaron en herencia esta re-

6. Biante es uno de los legendarios siete sabios de Grecia. Diógenes Laercio lo incluyó en el libro I de las *Vidas de los filósofos ilustres*.

pública tan bien cimentada parecían haberse preocupado alguna vez por la avaricia de dinero, el gozo de los placeres, las comodidades del ajuar, el deleite de las diversiones o las delicias de los banquetes.[7]

11. Poned ante la vista, si queréis, a cada uno de los reyes desde Rómulo o, si queréis, después de alcanzada la libertad a aquellos que a partir de entonces la consiguieron. ¿Por qué escalones subió Rómulo al cielo? ¿Por aquellos que llaman bienes o por sus hazañas y virtudes?[8] ¿Qué? ¿Pensamos que son menos gratas a los dioses inmortales las pequeñas urnas de arcilla y las copas sacrificadas de Numa Pompilio que los cuencos con filigranas de otros?[9] Prescindo de hablar de los demás, ya que todos se parecen entre sí, excepto el Soberbio.[10]

7. Esta descripción corresponde al romano a la antigua, cuyas virtudes tradicionales —anteriores al influjo de la cultura griega— se exaltan como fundamento de un pasado glorioso. Inicia Cicerón la enumeración con el legendario periodo de la monarquía fundada por Rómulo; la instauración de la República (509 a. C.) se interpreta —como es común en los escritores romanos— como el inicio de la liberación; se explica por eso que tenga cierto reparo en poner como *exempla* a los reyes; de ahí que introduzca ese «si queréis».

8. La divinización de Rómulo se narra en el Libro I de la historia escrita por Tito Livio.

9. Numa Pompilio, sucesor de Rómulo, es una venerable figura a la que se atribuía la institución de ceremonias y cultos religiosos en la vida romana. Bajo su reinado se edificó el famoso templo de Jano, que solo se cerraba en tiempos de paz.

10. Tarquinio el Soberbio, último representante de la monarquía, es un personaje que las fuentes presentan como odioso. Su derrocamiento

12. Si alguien preguntara a Bruto[11] qué pretendió al liberar a su patria; si alguien interrogara a los demás comprometidos en la misma empresa qué expectativas tuvieron, qué persiguieron, ¿existirá acaso alguien a quien le parezca que el propósito fue conseguir el placer, las riquezas o alguna otra cosa que no fuera el deber de un hombre esforzado y noble? ¿Qué finalidad impulsó a C. Mucio[12] a dar muerte a Porsena, con riesgo de su propia vida? ¿Qué fuerza mantuvo a Cocles[13] solo en el puente contra todas las tropas de los enemigos? ¿Qué entrega de la vida lanzó a Decio padre y a su hijo contra el enemigo armado?[14] ¿Qué perseguía la sobrie-

corresponde a una reacción que es común a otras civilizaciones: coincide en el tiempo con la expulsión del tirano Hipias de Atenas.

11. La República se inicia en 509 a. C.; L. Junio Bruto es tenido por uno de los dos primeros cónsules que gobernaron Roma.

12. Véase Livio, I, 58, 6. En un intento de reconquistar el poder, Tarquinio solicitó y obtuvo la ayuda del rey etrusco Porsena, que consiguió sitiar la ciudad romana. En este contexto se incluye la hazaña de C. Mucio Escévola, que, mediante una estratagema ingeniosa, consiguió que Porsena enviara embajadores a Roma para solicitar la paz.

13. Horacio Cocles es la otra figura heroica de este episodio; al frente del ejército, impidió que Porsena entrara en Roma. Cocles, los Decios y los Escipiones aparecen en secuencia también en *De los deberes* (I, 18, 61) como *exempla* de fortaleza.

14. Conocemos tres miembros de esta familia —tres generaciones— con el mismo nombre: Decio Mus. Los tres fueron cónsules y los tres participaron en las guerras samnitas. Al más antiguo de ellos, cónsul en el año 340 a. C., se atribuye una famosa *devotio* por la que ofreció su vida a los dioses, dándose muerte, para conseguir la victoria de su ejército.

dad de C. Fabricio,[15] qué la pobreza del género de vida de Manio Curio,[16] qué perseguían Cneo y Publio Escipión, los dos baluartes de la guerra púnica, que pensaron que la llegada de los cartagineses debía ser interceptada con sus propios cuerpos?[17] ¿Qué perseguía el Africano Mayor, qué el Menor,[18] qué Catón, intercalado entre las edades de estos,[19] qué otros innumerables (pues tenemos abundancia de ejemplos patrios)? ¿Pensaron tal vez que debía buscarse en la vida algo que no fuera laudable y glorioso?

15. Se refiere a Fabricio Luscino, cónsul por dos veces (282 y 278 a. C.), que participó en las guerras contra Pirro. Cicerón lo cita varias veces como ejemplo de lealtad con el enemigo.

16. Manio Curio Dentato consiguió durante su segundo consulado (275 a. C.) un resonante triunfo sobre Pirro. Representa —entre otros famosos— al ideal del romano austero.

17. Desde el 216 a. C., Cneo y Publio Escipión lucharon en Hispania contra los cartagineses; ambos murieron en la batalla en el año 211 a. C.

18. El Africano Mayor es Publio Cornelio Escipión Africano, el vencedor de Aníbal en Zama —segunda guerra púnica— (202 a. C.); contrajo matrimonio con una hija de L. Emilio Paulo y adoptó a un hijo de este, que fue P. Cornelio Escipión Emiliano Africano Numantino, el que en la tercera guerra púnica arruinó definitivamente a Cartago (146 a. C.). Más tarde cónsul, se le asignó el gobierno de Hispania y puso fin a la contienda de Numancia tras un penoso asedio (133 a. C.). Era cuñado de los Gracos y se opuso a las reformas agrarias, cuestión que seguramente le costó la vida: fue encontrado muerto en su casa sin que se llegara a saber la causa.

19. Se refiere a M. Porcio Catón Liciniano, casado también con una hija de Emilio Paulo. Fue un famoso jurista, hijo de Catón el Censor, el personaje central del tratado de Cicerón sobre la vejez.

13. Que vengan entonces esos que se burlan de este discurso y de este modo de pensar y decidan personalmente si quisieran parecerse a alguno de estos que abundan en casas de mármol, que resplandecen de oro y marfil, que (abundan) en estatuas, en cuadros, en oro cincelado y plata, que (abundan) en obras de arte corintias, o bien (parecerse a) C. Fabricio, que ni tuvo ni quiso tener nada de esto.

14. Y ciertamente, suelen aducirse con facilidad estas cosas, que unas veces están aquí, otras allá, para negar que están entre los bienes, aquellos que sostienen con tenacidad y defienden con cuidado que el placer es el sumo bien. Esta opinión a mí ciertamente me parece propia de animales, no de hombres.[20] Tú, a quien la divinidad o la naturaleza, madre por así decir de todas las cosas, ha dado un espíritu —nada hay más importante ni más divino que él—, ¿te vas a abajar y someter hasta el punto de pensar que no hay ninguna diferencia entre ti y un animal de cuatro patas? ¿Existe algún bien que no mejore a aquel que lo posee?

15. Pues en la medida en que cada cual participa del bien, en esa medida es laudable y no existe ningún bien del que no pueda honradamente gloriarse aquel que lo

20. Como tantas otras veces, Cicerón ataca las doctrinas epicúreas y asimila a la conducta de un animal la de quien coloca el placer por encima de todo. Resulta interesante la intuición de que el ser humano tiene algo «divino», que le ha sido dado, aunque no sabe Cicerón si atribuir este beneficio a una divinidad personal o a la madre naturaleza. De nuevo afirma Cicerón que el parecer de muchos no es criterio para juzgar acerca de lo que es o no es bueno; pero añade aquí otra idea: el carácter «irracional» de la vida que tiene como meta el disfrute de placeres.

posee. En cambio, ¿qué hay de todo esto en el placer? ¿Hace a un hombre mejor, o más digno de alabanza? ¿O alguien se enorgullece de conquistar placeres y se gloría presumiendo de ello? Por tanto, si el placer —que es defendido por muchos «patrocinadores»— no debe ser considerado entre las cosas buenas, cuanto mayor es, más aparta a la mente de su sitio y del lugar que le corresponde; está claro que el vivir bien y felizmente no es otra cosa que vivir con rectitud y honradez.[21]

21. Introduce en el cierre la noción de felicidad, cuya búsqueda es ineludible, uniéndola al bien y —consiguientemente— a la vida recta. Esta es la cuestión que desarrolla en la siguiente paradoja.

AL VIRTUOSO NO LE FALTA NADA
PARA VIVIR FELIZ

Se abre esta segunda paradoja con un primer plano de un héroe casi mítico de la segunda guerra púnica: Emilio Régulo, cuya hazaña debió de introducirse en las antologías de *exempla* utilizados por los autores romanos, incluidos los cristianos, hasta el fin del Imperio. Así, encontramos a Régulo en las *Noches áticas* del erudito Aulo Gelio (s. II), en el apologeta Tertuliano a comienzos del s. III y en el historiador Amiano Marcelino, a finales del s. IV, entre otros muchos. Junto a Régulo, en segundo plano, la figura de Cayo Mario, el enemigo vencido de Sila, de quien destaca, junto con su suerte en los buenos momentos, la admirable reacción frente a la adversidad.

A esta introducción de carácter histórico sigue un fuerte cambio de tono: Cicerón increpa —llamándole necio, en segunda persona— al que desconoce el valor de la virtud. El tono de diatriba se mantiene a lo largo del discurso, que se cierra con una exhortación. En ella destaca la afirmación de que el *bonus vir*, en el que coinciden y brillan la sabiduría y la fortaleza, no puede ser desgraciado, sino merecedor de alabanza.

La invectiva parece que aludía a Publio Clodio, enemigo personal de Cicerón desde que fue absuelto del «sacrilegio» de penetrar disfrazado de mujer en las ceremonias de la diosa Día, reservadas a las mujeres. Sabemos de estas andanzas por el discurso que el propio Cicerón pronunció en el año 52 a. C., en defensa de Milón, que mató a Clodio «en legítima defensa». En la conclusión se abandona el tono polémico y se adopta una forma de expresión lógicamente articulada, que se inicia y se cierra con la fórmula «Por tanto...». Esta insistencia, propia de quien quiere dejar establecida una enseñanza, se refuerza con las antítesis: ímprobo / bueno; necio / sabio y débil / fuerte, que subrayan el carácter de necesidad moral que tiene la doctrina expuesta. Una enseñanza ampliamente discutida por Cicerón en el libro V de las *Tusculanas* y en los libros III y IV del tratado *Sobre los límites del bien y del mal.*

# AL VIRTUOSO NO LE FALTA NADA PARA VIVIR FELIZ

Nunca pensé yo que M. Régulo fuera un desgraciado, un desventurado, un pobre hombre.[22]

16. Pues su grandeza de ánimo no se dejó achicar por los cartagineses, ni su hombría de bien, ni su lealtad, ni su coherencia, ni ninguna virtud,[23] ni en definitiva su propio espíritu. Con la defensa y la custodia de tantas virtudes, aunque su cuerpo fuera encarcelado, él perso-

22. M. Régulo, vencedor de Amílcar en la primera guerra púnica, fue vencido más tarde por los cartagineses y hecho prisionero. Cuenta una parte de los historiadores que los cartagineses, derrotados en Panormos (251 a. C.), enviaron a Régulo con la embajada que fue a Roma para pedir la paz, pero que este, leal a su patria, aconsejó al senado proseguir la guerra y de regreso a Cartago, fue ejecutado.

23. Nótese la selección de virtudes: *gravitas*, *fides*, *constantia*, valores representativos del ideal romano que conforman la grandeza de ánimo. Dice Cicerón en otro lugar que la *gravitas* y la *magnitudo animi* «han nacido en Roma» (*En defensa de Sestio*, 141).

nalmente no pudo ser hecho cautivo. Hemos visto a C. Mario, que me parece, entre los hombres, el más afortunado en la prosperidad, y en la adversidad el único entre los grandes hombres.[24] No hay para un mortal felicidad mayor que la suya.

17. Tú desconoces, insensato, qué clase de energías tiene la virtud. Utilizas solo el nombre de virtud, pero ignoras lo que en realidad vale.[25] Nadie puede dejar de ser totalmente feliz si depende para todo de sí mismo y si lo pone todo solo en sí mismo; sin embargo, aquel cuya esperanza entera y sus cálculos y proyectos penden de la fortuna no puede tener nada seguro, y no podrá conservar ni un solo día nada de lo ya conseguido.[26] A un hombre así, si te lo encuentras, asústalo con amenazas de muerte o de exilio.[27] Por mi parte, en cambio, todo lo

24. Cayo Mario protagonizó, frente a Sila, la primera guerra civil de la República romana (91-86 a. C.). Excelente soldado pero mal político, acabó desastrosamente. Alaba Cicerón su capacidad para superar la adversidad.

25. Destaca el apóstrofe al innominado desconocedor de la virtud. El contraste *verba / res* (palabra y realidad) es un tópico común de la retórica. El concepto intelectualista de la *virtus* es socrático; la conexión virtud-ciencia está ya en Aristóteles (*Etica a Nicómaco*, 1144b).

26. Nótese la invitación a poner la seguridad en las propias posibilidades y a desconfiar de la suerte. La volubilidad de la fortuna —a la que los romanos personalizaron y dieron categoría de «diosa»— es otro tópico común en los autores antiguos, que pervive en la Edad Media, ya muy popularizado, como puede verse en la colección de poemas que conocemos con el título de *Carmina Burana*.

27. La muerte y el exilio eran las dos grandes condenas que podían amenazar al ciudadano. El género literario de las *Consolationes*, que inicia

que me ocurra en esta desagradecida ciudad me encontrará: no caerá como algo que trato de evitar ni tampoco como algo que rechazo. Pues ¿para qué me esforcé, o qué conseguí, o en qué acabaron mis preocupaciones y desvelos si no he hecho nacer en mí y no he conseguido llegar a un estado de ánimo en el que ni la falta de consideración de la fortuna ni la de mis oponentes lleguen a hundirme con sus afrentas?

18. ¿Acaso me amenazas con la muerte, que me obligará a separarme de todos los hombres? ¿O con el exilio, que me apartará de los malvados? La muerte es terrible para quienes lo pierden todo al perder la vida, no para aquellos cuya gloria no puede morir; el exilio, por su parte, para quienes el lugar donde vivir está como encerrado en unos límites, no para aquellos que piensan que todo el orbe de la tierra es una sola ciudad.[28] Es a ti, que te consideras feliz y próspero, a quien acosan todas las desgracias y todas las penalidades; tus pasiones te atormentan, sufres tortura día y noche porque no te satisface lo que tienes y además temes que eso mismo no vaya a durar mucho; te aguijonea la conciencia de tus malos actos, te abruman los miedos a los juicios y a las leyes; a dondequiera que diriges la mirada, te salen al encuentro, como Furias,[29] tus propias injusticias, que no te dejan respirar libremente.

---

precisamente Cicerón en la literatura romana, tiene como temas centrales estas dos desgracias.

28. El cosmopolitismo es uno de los rasgos característicos de la doctrina estoica.

29. Las Furias son, en la mitología heredada de Grecia, divinidades infernales, símbolo de la venganza.

19. Por tanto, del mismo modo que ningún malvado, necio o inepto[30] puede sentirse bien, así ningún hombre de bien, sabio y fuerte, puede ser desgraciado. Y no puede dejar de ser elogiada la vida de aquel cuyas virtudes y costumbres deben ser elogiadas; ni debe, en definitiva, rehuirse una vida que es digna de elogio; debería rehuirse, si fuera desgraciado. Por tanto, todo lo que es digno de elogio conviene tenerlo por feliz, próspero y deseable.

30. El término *iners* —que traduzco por «inepto»— señala al que carece de las *bonae artes*, es decir, del «arte del bien vivir», que abarca tanto las virtudes intelectuales como las morales (véase A. Fontán, «Séneca, político y filósofo», en *Letras y poder en Roma*, Pamplona, 2001, p. 149).

3

SON IGUALES LAS COSAS MAL HECHAS
Y LAS ACCIONES RECTAS

# INTRODUCCIÓN

El tema de esta paradoja es la opinión estoica acerca de lo que podríamos llamar «la univocidad de la conducta humana», que no admite gradación. El fundamento en el que se apoya está expresado en el inicio: las faltas no deben medirse por su objeto sino por el defecto humano que suponen; es esta opinión un claro vuelco sobre la responsabilidad del sujeto, que minusvalora la objetividad de los hechos. (Que Cicerón había tratado también en *Sobre los límites entre el bien y el mal.*)

Aquí, el tema se presenta en forma de diatriba, en la que el adversario solamente apunta las dificultades mientras que la otra parte —la que defiende la tesis estoica— expone con amplitud su pensamiento y tiene la última palabra. A lo largo del desarrollo, la postura está inflexiblemente definida: «La virtud es la virtud y el vicio es el vicio», y el punto de contraste es que algo esté permitido o no lo esté, aunque no se detiene aquí Cicerón en distinciones acerca de las leyes. El punto culminante de la diatriba está en la objeción del contrincante: «¿Así es que no hay diferencia entre matar a un esclavo y cometer un parricidio?». La respuesta paradójica es que lo que parece peor puede ser mejor, y a la inversa; es una respuesta que da entrada al influjo de los motivos en la calificación ética de las acciones, pero que no anula la vigencia de la opinión defendida.

A continuación se debate la distinción de diferentes faltas en un mismo acto: ello parece implicar que la diferencia no está en el tipo de falta sino en su número. Una opinión que se derrumba acudiendo a la comparación entre una representación teatral y la vida misma: ¿van a parecer más leves los errores porque sean menos? En definitiva, se cierra la cuestión afirmando una vez más la tesis defendida, pero no mediante una simple aseveración, sino impactando al contrincante con una pregunta dialéctica.

Es en el enfrentamiento dialógico donde reside la fuerza expresiva de esta tercera paradoja, en la que se reflejan vivencias de la vida cotidiana: el diferente aprecio que merecen los distintos oficios; la conducta de los espectadores en el teatro; la estratificación de la sociedad... Y, como una sombra fugaz, el prestigio de Sócrates: único personaje con nombre.

Las breves intervenciones del oponente marcan la estructura. En la primera parte (núms. 20-22) recae el peso de lo que se defiende: *pares virtutes, pares vitia*. La doctrina se expone acompañada de dos ejemplos prácticos: en uno de ellos, el *peccatum* está en la ignorancia del arte de navegar; en el otro, en cambio, es la pasión la que arrastra a la mala conducta.

El reproche del contrincante introduce un segundo momento, un breve *intermezzo*, en el que destaca el valor de la opinión de los filósofos por encima de la de hombres con oficios que requieren escasa cultura (núm. 23).

Parte de la objeción que pone en evidencia lo paradójico (número 24) que resulta resolver por distinción numérica —no cualitativa— las faltas. De nuevo aquí recurre al ejemplo, esta vez tomado de la comparación entre la escena y la vida real. En el cierre, lleva a cabo una afirmación contundente: el concepto de *pecca-*

*tum* como perturbación de la razón y el orden. Se entiende que el orden consiste en seguir la línea marcada por la naturaleza; el carácter racional de la naturaleza humana está en la base de esa asociación y en el modo de entender la mala conducta como un desvío de lo razonable.

# SON IGUALES LAS COSAS MAL HECHAS Y LAS ACCIONES RECTAS

20. «El asunto —dice— tiene poca importancia.» Pero la culpa es grande: porque las faltas no hay que medirlas por los resultados de los hechos, sino por los vicios de los hombres; aquello en lo que se falta puede ser mayor o menor, según los casos, pero el hecho de faltar es uno, lo mires por donde lo mires.

Si un timonel hace naufragar un barco cargado de oro o de paja, en el resultado tiene alguna importancia, pero por lo que respecta a la ineptitud del timonel no hay diferencia. La pasión de uno se ha desbordado sobre una mujer desconocida: el dolor alcanza a menos personas que si se hubiera excedido con alguna doncella de alto linaje y noble, pero no fue menor su culpa. Si cometer culpa es como traspasar unos límites, una vez que lo has hecho, la culpa está cometida; cuánto hayas avanzado después de traspasar el límite no afecta al aumento de la culpa de haberlo traspasado. Ciertamente a nadie le es lícito pecar. Ahora bien, lo no permitido se atiene a una sola cosa: que se demuestre que no está permitido. Así que eso no puede hacerse nunca, ni en mayor o menor medida, puesto que la falta está precisamente en que no está permitido, cosa que es siempre una y la misma; por tanto es preciso que las faltas que de ello se deriven sean iguales.

21. Y si las virtudes son iguales entre sí, es preciso que sean iguales también los vicios. Entonces puede verse claramente que las virtudes son iguales y que no pueden hacer mejor al hombre de bien, ni más moderado al moderado, ni más fuerte al fuerte, ni más sabio al sabio. ¿O acaso llamarás «hombre de bien» a quien, pudiendo quedarse impunemente con diez libras, prestadas sin ningún testigo, las devuelve, y ese mismo, tratándose de diez mil, ya no las devuelve? ¿O llamarás moderado al que se contiene en unas pasiones y en otras sucumbe?

22. Una sola es la virtud: la que está de acuerdo con la razón y es constante; nada se le puede añadir para que sea más virtud; nada se le puede restar si es que permanece el nombre de virtud. Así pues, si las buenas acciones son acciones rectas, y no hay nada más recto que lo recto, ciertamente tampoco se puede encontrar nada mejor que lo bueno. Se sigue, por tanto, que también los vicios son iguales, ya que las maldades del espíritu se llaman —acertadamente— vicios. Y, puesto que las virtudes son iguales, las cosas bien hechas, cuando nacen de las virtudes, deben ser iguales; asimismo, es preciso que las faltas, puesto que dimanan de los vicios, sean iguales.

23. Dices: «De los filósofos tomas estos argumentos». Temía que fueras a decir «de los alcahuetes». «Sócrates discutía de esa manera.» Bien dices, por Hércules, pues

en la tradición queda memoria de que él fue un hombre docto y sabio. Pero sin embargo te pregunto, puesto que este es un debate oral y no un pugilato: ¿tenemos que indagar cuál es la opinión de los mozos de cuerda y de los obreros, o más bien la de los hombres ilustrados? Especialmente cuando no se puede encontrar ninguna opinión, no ya solo más verdadera que esta, sino ni siquiera más útil para la vida de los hombres. Pues ¿qué fuerza existe que aleje más a los hombres de toda maldad si no es el caer en la cuenta de que no existe ninguna diferencia entre los delitos, y de que faltan igualmente... si atacan a los particulares o a los magistrados, y de que es la misma la deshonra de una mala pasión, sea cual fuera la casa en la que han introducido la mancha del deshonor?

24. «Entonces (puede decir alguien), ¿no hay ninguna diferencia entre que alguien mate a su padre o a un esclavo?» Si dijeras estas palabras crudamente, no podría juzgarse con facilidad qué dan a entender. Si privar de la vida a un padre es de por sí un crimen, ¿los saguntinos que prefirieron que sus padres murieran libres a que vivieran esclavos fueron acaso parricidas?[31] Luego también a veces puede quitarse la vida a un padre sin cometer crímenes, y muchas veces no se le puede quitar a un esclavo sin cometer injusticia. Por tanto, es el motivo lo que establece la distinción, no la naturaleza de los hechos; si se le añade a una de las dos cosas, inclina la balanza hacia ese lado; y si se añade a las dos, necesariamente quedan igualadas.

31. Los episodios del papel de Sagunto en las guerras púnicas pueden verse en los capítulos 6 a 8 del libro XXI de la *Historia* de Tito Livio.

25. Hay sin embargo una diferencia: que al matar a un esclavo, si se hace injustamente, se falta una sola vez; al violar la vida de un padre se hacen muchas faltas: es violado el que procreó, el que alimentó, el que educó, el que situó en un lugar, en una familia, en la sociedad civil; aventaja en número de faltas y por eso es digno de un castigo mayor; pero nosotros en la vida no debemos mirar qué castigo corresponde a cada falta sino cuánto se permite a cada cual; lo que no es conveniente, debemos considerarlo un crimen; lo que no está permitido, una prohibición divina. «¿Incluso en cosas muy pequeñas?» Así es, ya que si no podemos modelar el curso de los acontecimientos, sí podemos controlar el curso de los espíritus.

26. Si un actor de teatro se desvía un poco del ritmo, o si pronuncia un verso equivocándose en una sílaba, alargándola o abreviándola, se le silba, se le abuchea: ¿y en la vida, que debe ser más medida que cualquier gesto, más ajustada que cualquier verso, vas a decir que te has equivocado en una sílaba? ¿No perdono a un poeta en cosas nimias, y voy a perdonar en la vida social a un ciudadano que cuenta con los dedos sus faltas: «Si han parecido más pequeñas, o a ver si parecen más leves»? ¿Y cómo podrían parecerlo cuando cualquier falta que se cometa se hace perturbando lo que es razonable y de acuerdo con un orden? Pues perturbados una sola vez la razón y el orden, nada puede añadirse que lleve a pensar que se puede faltar más.

4

QUE TODOS LOS NECIOS ESTÁN LOCOS

# INTRODUCCIÓN

El texto desarrolla una cuestión que no es la expuesta en el enunciado: «Que todos los necios están locos». Contribuye a esta aparente dispersión el hecho de que hay una laguna justamente tras la primera frase. La idea que corresponde al título está desarrollada por Cicerón en las *Tusculanas* como idea propia, con otras comparaciones: «De la misma manera que todo cieno huele mal...» (*Tusculanas*, IV, 24, 54). Lo que viene a continuación es una dura invectiva contra Clodio, el político y enemigo personal del autor. No rompe con la idea inicial sino que la ejemplifica con un hecho histórico: el exilio al que fue condenado Cicerón tras la represión de la conjura de Catilina. Puede interpretarse como una «autoconsolación». Por otra parte, la idea enlaza con lo expuesto en la primera paradoja: *Omnia mea mecum porto* («Todas mis cosas las llevo conmigo»).

En el núcleo del desarrollo está el contraste entre el ciudadano (*civis*) y el enemigo de fuera (*hostis*). En las *Filípicas* hace referencia Cicerón a quienes «son por naturaleza ciudadanos, y por voluntad enemigos» (véase *Filípicas*, VIII, 13).

# QUE TODOS LOS NECIOS ESTÁN LOCOS

27. Yo a ti, por cierto, no voy a llamarte necio como tantas otras veces; ni malvado, como siempre, sino chiflado... [Siendo así que una fortaleza que cuenta] con todo lo necesario para sobrevivir puede permanecer invicta, el ánimo del sabio —que está como fortificado con murallas por la amplitud de sus proyectos—, por no fiarse de la suerte y, en una palabra, por todas las virtudes, ¿va a ser vencido y saqueado cuando ni siquiera puede ser arrojado de la ciudad?[32] ¿Pues qué es, entonces, una ciudad? ¿Acaso cualquier conjunto de hombres, incluso salvajes y crueles? ¿Acaso cualquier multitud congregada en un solo lugar, aunque se trate de fugitivos y ladrones? Seguramente me dirás que no. Por tanto, no era una ciudad la de entonces, pues las leyes no tenían eficacia alguna, los juicios carecían de vigor, las cos-

32. La comparación del sabio con una fortaleza inexpugnable da paso a una referencia histórica personal: la de su propio exilio, en el año 58 a. C., como consecuencia de la ley promulgada por Clodio, tribuno de la plebe.

tumbres patrias habían desaparecido y, expulsados los magistrados a espada, el nombre del senado no era ya nada en la república; aquello era una pandilla de ladrones, un bandidaje establecido en el foro contigo a la cabeza, y los despojos de una conjuración que había pasado de los arrebatos de Catilina a tu criminal locura. No era una ciudad.

28. Así que yo no fui desterrado de una ciudad, pues esta realmente no existía; fui reclamado a la ciudad cuando ya había en el gobierno un cónsul[33] —que por entonces no había—; cuando existía un senado —entonces había desaparecido—; cuando había un libre consenso del pueblo, y se habían recuperado el derecho y la justicia, vínculos propios de una ciudad.

Y mira hasta qué punto he despreciado los dardos de tu panda de bandidos. Siempre pensé que tú habías lanzado y dirigido contra mí una abominable injusticia, pero nunca pensé que me hubiera alcanzado, a no ser que, al derribar paredes o lanzar contra las casas tus criminales hachones, pensaras destruir o incendiar algo mío.[34]

29. No hay nada mío ni de ningún otro si puede ser quitado, arrebatado, perdido. Si me hubieras arrebatado la divina firmeza de mi espíritu o la conciencia de que mis cuidados, desvelos y decisiones mantenían en pie la república a pesar tuyo; si hubieras borrado la in-

33. El regreso del exilio se produjo a mediados del año 57 a. C.

34. Su casa en el Palatino fue destruida y sus bienes confiscados por efecto de las disposiciones de Clodio. Acerca de la destrucción de sus casas, puede verse la correspondencia con su amigo Ático (*Epistolae*, IV, 2.3 y IV, 3.7).

mortal memoria de este beneficio que es eterno; más aún: si me hubieras arrebatado la mente de la que procedían estas decisiones, entonces yo confesaría haber recibido una ofensa. Pero si no hiciste eso ni lo pudiste hacer, tu ofensa me proporcionó un regreso glorioso, no un desgraciado destierro.[35]

Por tanto, yo he sido siempre ciudadano, y más aún entonces, cuando el senado encomendó mi protección, como la de un óptimo ciudadano, a pueblos extranjeros. Tú ni siquiera ahora lo eres; salvo que se pueda ser al mismo tiempo ciudadano y enemigo. ¿O es que tú distingues al ciudadano del enemigo por su lugar de nacimiento y no por su disposición de ánimo y sus obras?

30. Produjiste una matanza en el foro, ocupaste los templos con hombres armados, incendiaste casas particulares y edificios sagrados. ¿Por qué Espartaco va a ser un enemigo si tú eres un ciudadano?[36] ¿Es que puedes ser ciudadano tú, si por tu culpa hubo un momento en que la ciudad dejó de existir? ¿Y me llamas a mí con un nombre que es el tuyo, pues todos saben que con mi exilio quedó exiliada la república? ¿Es que nunca te vas a mirar a ti mismo, estúpido? ¿Nunca vas a reflexionar sobre lo que haces ni sobre lo que dices? ¿No sabes que el exilio es un castigo por los delitos cometidos, y que lo mío fue más bien un viaje emprendido por las espléndidas hazañas que había llevado a cabo?

35. Fue recibido triunfalmente en el mes de septiembre del año 57 a. C.

36. Se refiere a la llamada «rebelión de los esclavos», al frente de la cual estaba el gladiador Espartaco, de origen tracio, vencido y muerto en batalla en el año 71 a. C.

31. Todos los criminales e impíos de quienes tú confiesas ser el jefe, a quienes las leyes pretenden ahora castigar con el exilio, son ya exiliados, aunque no se hayan movido de su sitio. ¿Acaso cuando todas las leyes mandan que seas desterrado no vas a ser llamado enemigo? «El que empuñe un arma»: delante del senado a ti se te quitó un puñal. «El que mate a un hombre»: has matado a muchos. «El que provoque un incendio»: el templo de las Ninfas ardió por intervención tuya; «el que ocupe los templos»: tú pusiste el campamento en el foro.

32. Pero ¿por qué motivo menciono yo aquí las leyes comunes, cuando según todas ellas tú eres un exiliado? Un hombre muy cercano a ti dictó una ley especial acerca de ti: que si entrabas a escondidas en el templo de la *Bona Dea*, fueras exiliado.[37] Pero tú hasta presumes de haberlo hecho. ¿Cómo entonces, enviado al exilio por tantas leyes, no tiemblas ante el nombre de exiliado? «Estoy en Roma», dices, y ciertamente estuviste a escondidas. Pues no todos tienen derecho a estar donde están, si las leyes no les permiten estar allí.

37. En la noche del 4 al 5 de diciembre del año 62 a. C., Clodio se introdujo secretamente en la casa del pretor (que entonces era el propio César), donde se celebraban las ceremonias de la *Dea Dia*, reservadas a las mujeres. Fue denunciado y absuelto, pese a la oposición de algunos senadores.

5

QUE SOLO EL SABIO ES LIBRE
Y TODOS LOS NECIOS, ESCLAVOS

# INTRODUCCIÓN

Diógenes Laercio escribe en las *Vidas de los filósofos* (VII, 121) que este pensamiento («que solo el sabio es libre y todos los necios son esclavos») está en Zenón de Elea, llamado el Cínico, de quien se dice que fue el primero en redactar diálogos. Discípulo de Parménides y fundador de la Dialéctica, vivió en la primera mitad del siglo v a. C. Jenofonte, en cambio, lo atribuyó a Sócrates (*Apología*, 16) y Cicerón pone esta doctrina en boca de Catón de Útica en *Acerca de los límites del bien y del mal* (III, 22, 75).

En todo caso, aquí la libertad entendida como «vive como quieras» tiene diferentes lecturas: se aplica al sabio que «no hace nada a su pesar, ni obligado». Platón, en el *Gorgias* (469a), la atribuye al tirano; Salustio, contemporáneo de Cicerón, la atribuye al rey: «Hacer lo que se quiere impunemente: eso es ser rey» (*Iugurta*, 21). Entendida rectamente supone autodominio; equivocadamente, anarquía. Y Séneca escribió: «Obedecer a la divinidad es libertad» (*Sobre la felicidad*, 157).

En el desarrollo, Cicerón recurre a ejemplos de la historia romana, como es habitual en sus escritos. La frivolidad, la ambición, el gusto por el lujo, el temor que proviene de los propios errores van apareciendo como actitudes contrarias a la libertad. Unos años más tarde, el poeta Horacio desarrollará las mismas ideas (*Sátiras*, II, 7, vv. 83-88).

La paradoja tiene un final abrupto, en el que se afirma la necesidad de esta *virtus* para quien quiera ser «jefe». Asoma así la vertiente política del autor.

# QUE SOLO EL SABIO ES LIBRE Y TODOS LOS NECIOS, ESCLAVOS[38]

33. Supongamos que se elogia a tal general, o que incluso se le aclama (como *imperator*), o se le considera digno de este nombre. ¿De qué forma o a qué hombre libre dará órdenes un general incapaz de someter sus propias pasiones? Que refrene primero sus deseos, que desprecie los placeres, que contenga su ira, que reprima su avaricia, rechace las demás taras de su espíritu y empiece entonces a mandar a otros, cuando él mismo haya dejado de someterse al deshonor y a la bajeza, dueños malvados; pues mientras se someta a estos, no deberá ser tenido ni como general ni siquiera como hombre libre.

Muy claramente ha sido expresado esto por gentes muy doctas, de cuyo prestigio no me serviría yo si tuviera que hablar aquí ante gentes rudas; pero como hablo ante personas muy competentes para quienes estas cosas no son nuevas, ¿por qué voy a simular haber perdido el esfuerzo que me supuso realizar estos estudios?

38. Traduzco según el texto griego.

Porque los más eruditos han dicho que nadie es libre sino el sabio.

34. ¿Qué es, pues, la libertad? Poder vivir como quieras.[39] ¿Y quién vive como quiere sino aquel que sigue lo recto, quien se goza en su obligación, quien ha pensado y previsto su forma de vida, quien no obedece a las leyes por miedo, sino que las sigue y las obedece porque considera que es lo más saludable; quien no dice, ni hace, ni piensa nada sino gustosa y libremente, aquel cuyas decisiones y todo lo que lleva a cabo parten de él y a él mismo se refieren, y no hay nada que tenga ante él más valor que su propia voluntad y juicio; aquel ante quien cede la Fortuna misma, de la que se dice que tiene la máxima fuerza[40] si, como dijo un sabio poeta, «ella se forja según la conducta de cada cual»? Así pues, solamente al sabio le acontece no hacer nada contra su voluntad, nada a su pesar, nada obligado.

35. Aunque puede demostrarse que esto es así valiéndose de muchas palabras, también puede expresarse brevemente que nadie es libre excepto quien tiene esta disposición. Esclavos son, por tanto, todos los malvados. Esto no es tan extraño y sorprendente en la realidad cuanto en la expresión. Porque no dicen que estos son siervos como los esclavos, cuyas acciones son propiedad de los dueños por un lazo u otro derecho civil; pero si la servidumbre fuera, como es, la sumisión de un espíritu quebrantado y envilecido y carente de propio arbitrio, ¿quién puede negar que todos los frívolos,

39. Cicerón se expresa con las mismas palabras en el tratado sobre *Los deberes*: «Es propio de la libertad el vivir como quieras» (I, 20, 70).

40. Hay estatuas de la Fortuna divinizada en todo el Imperio.

todos los ambiciosos y en una palabra todos los malos son siervos?[41]

36. ¿Acaso es para mí un hombre libre aquel sobre quien manda una mujer, que le impone normas, le prescribe, le ordena y le prohíbe lo que le parece? ¿Acaso lo es quien nada puede negar a quien le domina, y no se atreve a rehusar nada? Pide: hay que darle. Llama: hay que acudir. Despide: hay que marcharse. Amenaza: hay que echarse a temblar. Yo a ese no solo le llamaría esclavo sino el más indigno esclavo, aunque haya nacido en una familia de alta alcurnia.[42]

37. En la gran familia de los insensatos hay algunos demasiado ricos para considerarse esclavos, pero sin embargo son esclavos, mayordomos y jardineros de su propia necedad, a quienes deleitan en exceso las estatuas, los cuadros, la plata labrada, las obras de arte corintias, los edificios magníficos. Y dicen: «Somos los principales de la ciudad». Pero, en cambio, vosotros no sois príncipes ni siquiera de vuestros consiervos; lo mismo que en una familia los que se dedican a esas cosas —los que limpian, los que ponen ungüentos, barren o riegan— no tienen el lugar más honroso entre la servidumbre, así en la ciudad quienes se han entregado a los deseos de esas cosas apenas obtienen el ínfimo lugar de su propia servidumbre. Dices: «Grandes guerras he

41. Cornelio Nepote, en la vida de Ático (el amigo de Cicerón) cita esta misma frase como un dicho popular (véase *Vidas*, 25, 11.6).

42. El párrafo da la impresión de hacer referencia a algún personaje contemporáneo: quizá está trazando rasgos de la conducta de César con Cleopatra, a la que restauró en el trono y llevó a Roma precisamente el año en que Cicerón escribió las *Paradojas*.

llevado a cabo; he asumido grandes puestos de mando y provincias». Asume entonces un comportamiento digno de alabanza. Un cuadro de Etión[43] o una estatua cualquiera de Policleto[44] te deja embobado; no voy a decir de dónde los sustrajiste o cómo los conseguiste. Cuando te veo mirando admirado y haciendo grandes exclamaciones, pienso que eres esclavo de esas vaciedades.

38. «¿Acaso esas cosas no son encantadoras?» Puede que lo sean (también nosotros sabemos apreciarlo). Pero, por favor, deja que esas preciosidades no sean como cadenas para hombres hechos y derechos, sino entretenimiento de niños.

Pues ¿qué pensarías si L. Mummio[45] viera a algunos de esos tratando cuidadosamente un vaso corintio, cuando él despreció Corinto entera? ¿Acaso lo considerarías un excelente ciudadano o un diligente mayordomo? Supongamos que reviviera M. Curio o algunos de aquellos en cuya villa y en cuya casa no hubo nada espléndido ni distinguido excepto ellos mismos;[46] supongamos que viera a alguno que ha recibido los mayores honores del pueblo cogiendo salmonetillos de una pis-

43. Pintor griego del s. IV a. C.

44. El célebre escultor griego que vivió en el siglo de Pericles, al que se debe el *canon* de las proporciones del cuerpo humano.

45. El cónsul Mummio es el que conquistó definitivamente Corinto en el año 146 a. C. y acabó con las guerras macedónicas. Tras el saqueo de la ciudad vencida, muchas de sus obras de arte pasaron a Italia.

46. Curio Dentato, que venció a Pirro, rey del Epiro, en 275 a. C., es uno de los paradigmas del antiguo romano austero. Tanto él como Mummio aparecen también en la segunda paradoja.

cina y manoseándolos, presumiendo de su abundancia de morenas, ¿acaso no pensaría que este hombre es hasta tal punto esclavo que ni siquiera en el ámbito familiar debe ser considerado digno de ocupación más importante?

39. ¿Acaso cabe duda acerca del carácter servil de aquellos que por afán de dinero no rehúsan en absoluto la condición de una durísima esclavitud? La esperanza de una herencia, ¿qué inicua servidumbre rechaza? ¿Qué gesto de un anciano sin herederos no observa? Habla según su voluntad, hace todo lo que se le dice, le acompaña, se sienta a su lado, le obsequia.[47] ¿Qué cosa de estas es propia de un hombre libre? O, más bien, ¿cuál es propia de un esclavo diligente?

40. Y, en fin, la ambición que parece ser más noble, la del gobierno de provincias: qué dura dueña, qué dominante, qué impetuosa, obligó a ponerse al servicio de Cetego,[48] hombre poco considerado, a hombres de gran categoría que le enviaban obsequios, iban de noche a su casa y finalmente suplicaban a Precia. Si a esto se le puede llamar libertad, ¿en qué consiste la esclavitud?

Cuando el dominio de la ambición desaparece, surge otro dueño: el temor que procede de la conciencia de los errores, que es una servidumbre tan desgraciada como dura. Hay que ponerse al servicio de adolescentes algo más locuaces, y todos los que aparentemente

47. El cazador de herencias es un tópico de la sátira romana: la ambición. Así se aprecia en Horacio y en Juvenal.

48. Publio Cornelio Cetego tuvo un comportamiento discutible en las guerras civiles entre Mario y Sila. Su amante Precia tenía ascendiente entre sus contemporáneos.

saben algo son temidos como señores. El juez tiene dominio en la medida en que produce temor a los culpables.

41. ¿O es que toda clase de miedo no es acaso servidumbre? ¿Qué valor tiene entonces aquella frase, más expresiva que sabia, pronunciada por aquel elocuentísimo varón, Lucio Craso: «Libradnos de la esclavitud»?[49] ¿Qué significa esa esclavitud para un hombre tan famoso y tan noble? Toda timidez de espíritu, débil, apocada, quebrantada, ¿es servidumbre? «No nos permitáis servir a nadie.» ¿Quieres con ello reivindicar la libertad? En absoluto. ¿Qué añades entonces?: «...sino a todos vosotros». No quieres ser libre, sino cambiar de dueño: «A quienes podemos y debemos». Nosotros, por más que tengamos un espíritu elevado, alto y colmado de virtudes, ni debemos ni podemos. Tú di que puedes, porque ciertamente puedes, pero no digas que debes, porque nadie debe nada que no sea el no devolver lo que es vergonzoso. Pero basta ya. Mira así de qué modo puede ser jefe aquel a quien la razón y la verdad le demuestran que no es ni siquiera libre.

49. Lucio Licinio Craso tiene la voz cantante en el diálogo *Sobre el orador* y figura también en *Bruto*. Fue cónsul en el año 95 a. C.

6

QUE SOLO EL SABIO ES RICO

# INTRODUCCIÓN

Arranca esta paradoja, de origen socrático, con una pregunta directa a una segunda persona, en tono de diatriba. Sigue una descripción de lo que debe entenderse por «rico», a la que se opone otra contraria.

En el desarrollo, siempre en segunda persona, introduce una crítica de la Roma contemporánea, seguida de una serie de ejemplos históricos en la que entran figuras mencionadas en las paradojas anteriores junto con otras nuevas. En un segundo momento, anuncia que criticará el lujo con referencias personales y nuevos ejemplos históricos.

La conclusión defiende la tesis de que la riqueza no está en la posesión de bienes materiales sino en la virtud, siempre jugando con el contraste en forma de antítesis.

# QUE SOLO EL SABIO ES RICO

42. ¿Qué es esa insolente ostentación tuya cuando mencionas tus riquezas? ¿Es que acaso eres el único rico?[50] ¡Por los dioses inmortales![51] ¿No voy a gozarme de haber oído algo y haberlo aprendido? ¿Acaso eres el único rico? ¿Y qué pasaría si no fueras rico, si fueras incluso pobre? ¿Qué entendemos por rico, o a qué persona atribuimos esta palabra? Pienso que a aquel que tiene en propiedad lo suficiente como para estar satisfecho viviendo holgadamente: ni busca, ni apetece, ni desea, ni ansía nada más.

43. Debe ser tu espíritu el que se considere rico, no la consideración de la gente, ni tus posesiones. El que piensa que nada le falta no se preocupa de nada más:

50. Se refiere a Marco Craso, no el aludido en la quinta paradoja, sino el apodado *Dives* («rico»). Su biografía forma parte de las *Vidas paralelas* escritas en el s. II d. C. por Plutarco, y había sido ejecutado unos años antes, tras el desastre sufrido en Carras en la guerra contra los partos.

51. La invocación a los dioses es un recurso para elevar el tono del discurso.

está satisfecho e incluso contento con lo que posee; de acuerdo: es rico. Pero si, en cambio, por razón de tu avidez no consideras vergonzoso ningún negocio, aunque se trate de asuntos donde no hay nada honrado, si continuamente defraudas, engañas, demandas, te buscas satisfacciones, quitas, robas, desplumas a tus socios, saqueas, estás al acecho de los testamentos de tus amigos, o ni siquiera esperas y tú mismo los falsificas,[52] ¿son estas cosas señales de estar en la abundancia o de estar necesitado?

44. ¿Acaso no suele llamarse rico el espíritu, y no el arca de un hombre? Aunque esta esté llena, si a ti te veo vacío no te consideraré rico. Así que los hombres se miden según lo que le basta a cada uno en lo que respecta a las riquezas. Si uno tiene una hija, necesita dinero; si (tiene) dos, más dinero; si varias, más todavía; si, como dicen de Dánao,[53] tuviera cincuenta hijas, tal cantidad de dotes exigiría un dineral. Así que, según lo que cada cual necesita, a eso se ajusta, como dije antes, la medida de su riqueza. Por tanto, el que tiene no muchas hijas sino innumerables deseos, que pueden agotar en poco tiempo enormes recursos, aun cuando yo lo llame rico, él se sentirá necesitado.

45. Muchos te han oído decir que solo es rico el que

52. Nótese de nuevo el tema de los «cazadores» de testamentos, ya abordado en la quinta paradoja, núm. 39.

53. Personaje de la mitología griega que casó a sus cincuenta hijas con los cincuenta hijos de su hermano Egipto. Buscando venganza, a todas las armó con una daga para que dieran muerte a sus maridos en la noche de bodas.

puede alimentar a un ejército con sus bienes,[54] cosa que el pueblo romano hace ya tiempo que no puede hacer, a fuerza de impuestos.[55] Por tanto, según esa condición nunca serás rico antes de que tus propiedades te permitan hacerte cargo de seis legiones y de un gran contingente de tropas auxiliares a caballo y a pie. Así es que tendrás que reconocer que no eres rico, puesto que te falta tanto para cumplir tus expectativas. Por lo tanto, nunca has ocultado esa pobreza —o más bien indigencia y mendicidad— tuya.

46. Pues los que honradamente intentan ganar dinero comerciando, dando servicios o recaudando impuestos, se entiende que necesitan buscarlo; así, quien ve reunidos en tu casa a grupos de acusadores y denunciantes, quien ve litigantes culpables y adinerados tramando bajo tu tutela juicios corruptos, quien ve tus compromisos en las defensas judiciales,[56] la intervención de dinero en las coaliciones de candidatos,[57] las concesiones de libertad para aprovechar y saquear provincias, las expropiaciones de vecinos, los robos en los campos, el que (recuerda) las asociaciones con esclavos,

54. Cicerón reitera esta afirmación, que recoge en el libro I *Sobre los deberes* (I, 8, 25). Está también en Plutarco y en la *Historia Natural* de Plinio (XXXIII, 10, 134). Un ejército estaba formado por seis legiones; cada una de ellas con un potencial de hombres que oscilaba entre 4.200 y 6.000.

55. Nótese la crítica a la política económica de la Roma cercana a su tiempo y la contemporánea.

56. La ley Cincia, del año 204 a. C., que prohibía que los abogados recibieran dinero por defender una causa, estaba en desuso.

57. La ley Licinia, del año 55 a. C., prohibía las asociaciones para la compra de votos.

con libertos, con clientes, el que (recuerda) las posesiones abandonadas, las proscripciones de los ricos, la sangre derramada en los municipios; el que recuerda aquella siega de los tiempos de Sila,[58] los testamentos falsificados, a tantos que han visto hombres sometidos; quienes, en fin, han visto que todo se vende, que se decreta una leva, la opinión ajena y la propia, que el foro se convierta en caso particular; la voz, el silencio, ¿quién no creerá que, para hacerse perdonar, semejante hombre necesitará disponer de dinero?

¿Quién puede decir con verdad que este hombre es rico?

47. Así, pues, el fruto de las riquezas es la abundancia. La suficiencia y la abundancia de bienes es riqueza, y si tú nunca puedes llegar a conseguirla, nunca serás rico. Y como tú desprecias mis riquezas, y con razón, porque son mediocres según la opinión generalizada —según la tuya no existen y según la mía son medianas—, no voy a hablar de mí sino de la cuestión en sí misma.

48. ¿Tenemos en más el dinero que Pirro ofrecía a Fabricio o la sobriedad de Fabricio que rechazaba aquel dinero? ¿El oro de los samnitas o la respuesta de Curio? ¿La herencia de L. Paulo o la generosidad del Africano,[59] que cedió parte de su herencia a su hermano Máximo?[60] Ciertamente debe tenerse en más lo que

58. Se refiere a la confiscación de los bienes de los proscritos por parte del dictador.

59. Ejemplos mencionados previamente en la primera paradoja, núm. 12. Curio también en la quinta paradoja, núm. 38.

60. Fabio Quinto Máximo (186-130 a. C.), militar y cónsul de Roma, intervino en los conflictos políticos que enfrentaron a las diferentes fac-

corresponde a las virtudes más altas, más que lo que se refiere al dinero. Porque, si uno es más rico en la medida en que posee algo de más valor, ¿quién va a dudar de que las riquezas están en la virtud? Ninguna posesión, ningún poderío de oro ni de plata debe tenerse en más que la virtud. ¡Por los dioses inmortales! No comprenden los hombres qué gran renta supone el ahorrar.

49. Paso ahora ya a los amantes del lujo, y dejo a un lado la cuestión de la codicia. (Supongamos que) uno recibe seiscientos sestercios por cada una de sus fincas y yo cien de cada una de las mías. A aquel que pone techos dorados y suelos de mármol en sus villas, y que quiere sin medida esculturas, mesas, ajuar y vestimenta, no solo le resulta escasa esa renta para esos lujos, sino incluso para pagar los intereses; en cambio, de mi escasa renta, si prescindo de lujos ambiciosos, incluso sobrará algo. Por tanto, ¿quién de los dos es más rico: aquel a quien le falta o aquel a quien le sobra? ¿El que no tiene, o el que abunda? ¿Aquel que cuanto más posee, más necesita para mantenerlo, o el que se sostiene por sus propios medios?

50. Aunque ¿para qué hablar de mí, que a veces vivo en cierta medida metido en las malas costumbres de este tiempo nuestro? M. Manilio,[61] en el recuerdo de nuestros padres —para no estar hablando siempre de los

---

ciones nobiliarias apoyando siempre firmemente las acciones dirigidas por su hermano, Publio Cornelio Escipión, «el Africano». Esa fidelidad le permitió regresar a Hispania en el año 133 a. C., donde participó en la conquista de Numancia, lo que le valió el sobrenombre de «Numantino».

61. Manio Manilio, cónsul en el año 149 a. C., participó en la tercera guerra púnica y se especializó en estudios jurídicos.

Curios y los Luscinos—,[62] ¿fue finalmente pobre? Porque tuvo unas casitas en el barrio de las Carinas[63] y una finca en el Labicano.[64] «Somos más ricos nosotros, que tenemos más». ¡Ojalá fuera cierto! Pero no por el valor declarado en el censo, sino por la forma de vida se mide el dinero.

51. No ser ambicioso es dinero; no ser comilón es un ingreso. Que cada cual se contente con lo que tiene es la riqueza mayor y la más segura. Por lo tanto, si esos astutos tasadores de hacienda valoran mucho algunos prados y terrenos porque esta clase de posesiones tienen un mínimo riesgo, ¡cuánto debe estimarse la virtud que no puede robarse ni abiertamente ni a escondidas, ni se pierde en un naufragio ni en un incendio, ni se modifica por los cambios de tiempo ni por las tormentas!

52. Quienes las tienen son los únicos que son ricos, porque únicamente ellos poseen cosas fructíferas y duraderas, y solo ellos están satisfechos con lo suyo, como es propio del rico; están satisfechos con lo suyo, piensan que lo que tienen es suficiente, no desean nada, no necesitan nada, no notan que les falte nada, nada echan de menos. En cambio, los inmoderados y avaros, como lo que poseen es incierto y sujeto al azar y quieren siempre más, y no se halla entre ellos ninguno que esté satisfecho con lo que tiene, no solo no son opulentos ni ricos, sino que deben ser considerados carentes de recursos y pobres.

62. Véase más arriba, primera paradoja, núms. 12 y 13.

63. Barrio de Roma llamado así por su parecido en la forma con la quilla de un barco (*carina*). Corresponde al actual San Pietro in Vincoli.

64. En la región del Lacio, entre Túsculo y Preneste.

Siguiendo las pautas de Cicerón, realicé las ilustraciones con firmeza y fuerza de voluntad, partiendo de la primera pauta que me impuse: crear una baraja, un juego en donde cada carta retratara una de las paradojas.

A partir de ahí, hube de trabajar con otras limitaciones, como usar únicamente dos colores, que acepté con estoicismo.

De este modo, dando protagonismo a los símbolos, en su mayoría pertenecientes a la Edad Antigua, jugué con estos atributos para crear unas imágenes que aparecieran cargadas de paradojas visuales.

DANIEL MONTERO GALÁN